OBSÈQUES

DU

GÉNÉRAL DE GRANDRY

OBSÈQUES

DU

GÉNÉRAL DE GRANDRY

OBSÈQUES

GÉNÉRAL DE GRANDRY

Les obsèques de M. le général Berthier de Grandry, commandant l'artillerie du 12e corps, ont été célébrées hier matin avec une pompe inusitée pour notre ville, peu faite au spectacle grandiose des enterrements militaires.

Une note particulière toutefois de cette triste et imposante cérémonie était à coup sûr l'émotion poignante qui se dégageait de tous les cœurs, et restait imprimée sur les visages dans le cortège, dans les rangs de la troupe et jusque dans la foule des assistants.

Souvent dans les enterrements officiels, quand il y a un grand déploiement des forces militaires, des uniformes brillants, des couronnes, un char empanaché, des chevaux de parade, des délégations officielles de tous les corps constitués, la curiosité l'emporte sur le recueillement et la foule, les invités eux-mêmes oublient le cercueil qui s'en va pour ne songer qu'au spectacle qui passe.

Hier, tout le monde était silencieux : une émotion singulière tenait toutes les têtes inclinées, rendait toutes les physionomies songeuses, et les larmes recueillies çà et là, parmi des indifférents qui se trouvaient être des amis, sont, à notre sens, l'hommage le plus touchant qui pût être rendu à la mémoire de M. le général Berthier de Grandry.

A la maison mortuaire, M. René de Grandry, lieutenant au 23e régiment d'artillerie, fils du défunt, reçoit les invités dans le grand salon, assisté de M. le général Putz et de plusieurs membres de la famille. Les dames sont introduites dans un second salon.

La cour d'honneur est occupée par des officiers de tous grades, ainsi que par des délégations des divers services administratifs et judiciaires. Le corps est exposé dans une chapelle ardente à l'entrée du vestibule.

A onze heures précises Mme de Grandry qui se raidit contre la douleur sous le poids de laquelle elle succombe, monte en coupé pour se rendre à l'église. Son départ est le signal de la formation du cortège qui se met aussitôt en marche dans l'ordre du décret qui règle les préséances.

Les troupes de la garnison, sous le commandement de M. le général Prudhomme, à cheval, en culotte blanche, et grande tenue de service, occupent tout le parcours, de l'hôtel à l'église-cathédrale de Saint-Pierre.

Le 21ᵉ et le 34ᵉ d'artillerie avaient fourni chacun quatre compagnies, sous le commandement d'un chef d'escadron, ainsi que des batteries montées. Le 12ᵉ territorial formait deux compagnies également commandées par un chef d'escadron. De son côté, le 107ᵉ était représenté par deux bataillons.

Ces troupes étaient massées dans l'ordre suivant :

Le 21ᵉ sur le rempart Desaix, face à la cathédrale ; le 34ᵉ en ligne déployée, sur le rempart du Midi ; face à la maison mortuaire ; le 12ᵉ territorial et le 107ᵉ, colonel en tête, avec la musique, en arrière de l'hôtel, débordant sur la promenade de Beaulieu. La musique de l'École d'artillerie ouvre la marche et fait retentir l'air de ses accents désolés. Aussitôt après vient le clergé représenté par M. l'abbé Davant, curé de Saint-Pierre ; M. l'abbé Billaudaz, premier vicaire ; M. l'abbé Cessat, aumônier de l'hôpital ; et M. l'abbé Bisch.

Les couronnes, au nombre de 18, précèdent directement le dais. Nous remarquons, par leurs inscriptions, celle de M. le colonel Doré, commandant le 21ᵉ régiment d'artillerie, ami personnel du défunt, celles des officiers des 24ᵉ et 34ᵉ régiment de même arme, du 12ᵉ d'artillerie territorial, du 107ᵉ de ligne ; celles des sous-officiers de ces différents corps, et un grand nombre de couronnes, coussins et bouquets offerts par des amis de la famille.

Rien ne saurait rendre l'effet de cet amoncellement de fleurs, sous le poids desquelles succombent les artilleurs chargés de les porter.

Le corps est porté à bras par des sous-officiers d'artillerie, le drap mortuaire est recouvert de l'uniforme, chapeau, frac, épée et ceinture du général, ses décorations sont portées sur un coussin par un domestique en livrée de deuil ; son cheval de parade, celui-là même qui a été la cause involontaire de l'accident fatal aux suites duquel M. le général de Grandry a succombé, suit immédiatement le dais, caparaçonné du harnachement de grande tenue et recouvert d'un crêpe.

Les cordons du poêle sont tenus par M. le général Putz, en bourgeois, le ruban de la Légion d'honneur en sautoir ; par M. le général Lavalette, commandant l'artillerie du 5ᵉ corps, à Orléans, sous les ordres duquel était M. le général de Grandry, alors qu'il commandait le 32ᵉ régiment d'artillerie ; par M. le colonel Doré, du 21ᵉ, et par M. le colonel Jouaret, du 32ᵉ, venu d'Orléans avec une délégation d'officiers et sous-officiers.

En tête des invités marche M. le général Millot, commandant actuel de la 23ᵉ division militaire, en tunique et chapeau ferré, accompagné de M. le général de Moncetis, dont le départ pour Toulouse a été retardé de vingt-quatre heures, pour lui permettre de rendre un suprême hommage à la mémoire d'un ami.

M. le préfet de la Charente, en uniforme ; MM. les membres du conseil de préfecture ; M. Martin, chef de cabinet du préfet ; MM. les membres du tribunal civil et du tribunal de commerce ; M. le maire d'Angoulême et ses adjoints ; M. Guéroult, trésorier-payeur général ; MM. les ingénieurs du département ; MM. les membres des diverses administrations : contributions, finances, etc., etc. ; les états-majors du corps d'armée, de la division, des diverses brigades ; enfin MM. les officiers de la garnison d'Angoulême et MM. les invités civils, ainsi que les dames de la famille et amies, prennent rang dans le cortège.

M. le général de Launay, retenu à Limoges, s'était fait représenter par un capitaine de son état-major, accompagné de son officier d'ordonnance.

L'église est splendidement décorée, tendue dans la nef et le transept de superbes draperies larmées d'argent, courant le long des voûtes et descendant de la coupole sur le catafalque en quatre bras d'étoffe moelleuse. Çà et là, des écussons, formés de panoplies anciennes, retiennent les plis des ornements funéraires. Des faisceaux de fusils sont aux quatre coins du corps, montés sur des piles de boulets et d'obus ; à la porte d'entrée deux canons voilés de deuil se font face.

Pendant la messe, chantée par M. le curé de la cathédrale, la musique de l'Ecole d'artillerie fait entendre deux morceaux d'un style magistral. On a surtout remarqué à l'élévation, un délicieux solo de flûte dû au successeur de M. Moser, le nouveau chef de la musique de l'Ecole. Avant l'absoute, donnée par Monseigneur l'évêque d'Angoulême en personne, Sa Grandeur monte en chaire et d'une voie inspirée prononce la remarquable allocution que voici :

Messieurs,

« L'armée, qui veille à la gloire et à la sécurité du pays, a trop de droits au respect et à la reconnaissance de tous, pour que nous ne partagions pas ses tristesses. Et lorsque je vous considère, Messieurs, entourant ce catafalque, et apportant à l'un de vos nobles chefs le suprême hommage de vos regrets, j'éprouve le besoin de vous dire combien nous, représentants du Dieu qui s'est appelé le *Dieu des armées*, Nous sommes unis à votre deuil. Ce n'est pas sans une émotion douloureuse que nous voyons la France prématurément privée d'un vaillant général qui après l'avoir honoré par ses vertus militaires, eût été prêt, au jour du danger, à combattre et à mourir pour elle.

» D'autres célèbreront les longs services de celui que vous pleurez, et que, dans son court passage, nous n'avons connu, semble-t-il, que pour l'estimer, l'aimer et le pleurer avec vous.

» Notre mission est celle de la prière, et nous la remplissons en ce moment. Que Dieu reçoive dans sa miséricorde et introduise dans sa paix l'âme de son fidèle serviteur !

» Mais devant cet appareil funèbre, et après la prière, notre parole, Messieurs, celle que nous vous adressons, sera une parole d'espérance.

» Quand un homme a vécu tout au devoir, mais au devoir entendu dans son sens le plus élevé et le plus complet, quand il a joint le service de Dieu au dévouement à la patrie ; quand, selon le langage de saint Paul, *Il a combattu le bon combat et gardé la foi,* quand l'Eglise a répandu ses bénédictions sur sa dernière heure, la mort peut venir, il est prêt, et l'espoir d'une vie meilleure rayonne sur son cercueil et sa tombe.

» Tout finit pour la terre, mais tout commence pour le ciel. Le monde a ses regrets et Dieu sa couronne. La gloire humaine, si pure qu'elle soit s'évanouit dans la perpétuelle mobilité des choses : la gloire des élus garde un éternel éclat.

» Votre poitrine, digne et brave Général, portait naguère encore les signes mérités de l'honneur ; hier nous avons vu sur elle la croix de Jésus-Christ, gage de résurrection et de vie. La mort a fait tomber l'épée de vos mains ; mais Dieu destine à ces mains deux fois vaillantes, à ces mains de soldat et de chrétien, des palmes immortelles. Pendant qu'une famille en larmes, les amis que vous avait faits votre excellent cœur, l'armée et le pays vous disent adieu, l'Eglise prie et le ciel vous attend. Ainsi soit-il. »

Rien ne saurait rendre l'émotion soulevée par ces paroles chaudes de patriotisme et de foi chrétienne. Les larmes coulaient de tous les yeux et nous sommes heureux d'adresser ici à Monseigneur l'évêque d'Angoulême l'hommage de notre sentiment personnel d'admiration.

A midi et demi on sort de l'église ; le cortége se reforme dans le même ordre et prend le chemin de la gare d'Orléans.

Sur tout le parcours, une mer humaine borde les rues, les maisons et les carrefours. A toutes les fenêtres, sur toutes les portes, sur les parapets des rampes, ce sont des grappes vivantes. Rarement on avait vu une pareille affluence dans notre ville.

Le corps, cette fois, est placé sur un affût de canon et traîné par six chevaux que conduisent des sous-officiers d'artillerie. Dans la cour de la gare il est déposé sur le trottoir des messageries, le clergé dit les dernières prières et M. le général Millot s'avance pour adresser l'adieu de la garnison d'Angoulême à celui qu'elle s'honorait hier encore de compter dans ses rangs.

Voici d'ailleurs les termes mêmes de son allocution :

« La douleur sous l'impression de laquelle vous courbez la tête a une éloquence touchante ; et rien n'atteste mieux la perte que nous venons de faire, que l'émotion peinte sur le visage de tous ceux qui accompagnent aujourd'hui le général de Grandry à sa dernière demeure ici-bas.

» Rien de plus légitime que cette douleur, Messieurs, car son grand cœur n'avait d'égal que son dévouement à sa patrie et sa sollicitude pour ceux qu'il commandait.

» Caractère loyal, plein d'une bonté communicative, tempérament militaire autant qu'homme de science, il était l'idole de ses régiments, comme il était, du reste, aimé de tous ceux qui l'approchaient.

» Sa carrière avait été belle et l'eût été encore davantage si on l'eût mesurée aux services qu'il devait rendre.

» Mais hélas ! dans son farouche aveuglement, la mort nous l'a pris en pleine vigueur physique et morale, nous laissant un regret d'autant plus cuisant que nous l'avions placé plus haut.

» Inclinons-nous, Messieurs, devant le malheur irréparable qui nous atteint, et, dans notre affliction, prenons pour modèle la vie si bien remplie du Général.

» Elle nous offre des exemples d'abnégation et de patriotisme qui graveront plus profondément sa mémoire dans notre souvenir.

» Il fut partout avec sa bonne humeur et sa bravoure; il fut partout à la peine, comme travail scientifique et comme labeur de guerre: et partout, il fut à l'honneur comme au péril avec une égale constance, avec un calme égal aussi bien dans le bonheur que dans l'adversité.

» Toutes nos guerres depuis trente-cinq ans l'ont vu toujours le même, toujours dévoué à ses devoirs et plein d'abnégation.

» Bon pour les autres, sévère pour lui-même, il n'avait d'égaux que les hommes trempés comme lui, et ils sont rares.

» Qui indique une force d'âme pareille, Messieurs, si ce n'est l'ensemble des qualités qui font le chef militaire éminent et toujours au-dessus de l'adversité, quand il ne pense qu'à la grandeur de son pays.

» Telle est la vie si noblement remplie du Général.

» Vous penserez, comme moi, que de pareils enseignements doivent guider et inspirer ceux qu'il laisse dans la carrière, qu'ils doivent élever et ennoblir les sentiments de ceux qui l'ont connu et surélever leurs cœurs.

» De sorte, qu'à défaut de sa direction réelle, ils subiront encore son ascendant moral. Plus que personne le Général de Grandry mérite cet honneur.

» Oui, sa vie sera pour nous, je l'espère, un enseignement, et son souvenir nous fortifiera contre les heurts de notre existence et nous profiterons des leçons dont sa science et sa haute expérience le rendaient si prodigue.

» Tel est, Messieurs, le caractère des hommes bien trempés, qui, après avoir vécu, sont encore utiles à ceux qui leur survivent. Notre regretté Général est de ceux-là.

» Aussi, est-ce avec un profond chagrin que je m'arrête pour lui adresser un dernier adieu, et affirmer que sa mémoire vivra parmi nous aimée et honorée. »

M. le colonel Barjou, du 34ᵉ d'artillerie, lui succède. Il retrace en termes émus la carrière si brillante et si pleine de promesses encore du général Berthier de Grandry et salue une dernière fois le chef vénéré, qui était en même temps pour lui un ami de quarante ans.

« Messieurs, dit-il, le chef aimé et vénéré que nous venons de perdre était né à Semur, dans la Côte-d'Or, en 1832. Il appartenait à une ancienne famille de soldats, son grand-père et un grand-oncle étaient officiers généraux sous le premier empire, et la plupart de ses proches parents ont servi leur pays dans l'armée. Aussi n'avait-il qu'un désir, alors que nous faisions nos études, c'était de devenir militaire.

» Sorti de l'École polytechnique en 1854 pour entrer à l'École d'application de Metz, il arriva dans les régiments au moment où la guerre de Crimée venait de finir. Il ne peut donc y prendre part, mais il fit comme lieutenant la campagne d'Italie, et comme capitaine, en 1870-71, la campagne contre l'Allemagne et le second siège de Paris.

» Dès lors, ses mérites et ses services étant justement appréciés, les honneurs et les grades ne se firent pas attendre ; il fut nommé successivement chef d'escadron en 1872, lieutenant-colonel en 1878, colonel en 1882, officier de la Légion d'honneur en 1885, et enfin, général de brigade en février 1888.

» Entre temps, il fut chargé de diverses missions en Angleterre, missions que lui facilitait sa parfaite connaissance de la langue anglaise. Et je n'ai pas besoin de vous dire qu'en ces circonstances l'armée française fut, par lui, bien représentée.

» Dans son trop court passage à la tête de l'artillerie du 12e corps, son aménité, sa bienveillance lui avaient gagné tous les cœurs.

» Mais sa bienveillance n'excluait pas la fermeté ; loin de là, c'est avec juste raison qu'on a pu dire de lui qu'il avait une main de fer dans un gant de soie.

» Il avait surtout au plus haut degré le sentiment de l'honneur et du devoir militaire, et c'est en le communiquant à ses subordonnés qu'il obtenait d'eux tout ce qu'il voulait. Voilà pourquoi, Messieurs, notre deuil est si profond, et pourquoi son souvenir nous sera toujours cher.

» Puissent les témoignages de respect, d'affection et de regret qui entourent son cercueil, adoucir la douleur de sa famille si cruellement éprouvée, de sa noble femme qui ne veut pas être consolée et de son digne fils qui va recueillir ce précieux héritage d'honneur, de courage et de dignité, et continuer les traditions du beau nom qu'il porte.

» Et maintenant, mon Général, adieu. »

VERSAILLES. — IMPRIMERIE CERF ET FILS, 59, RUE DUPLESSIS